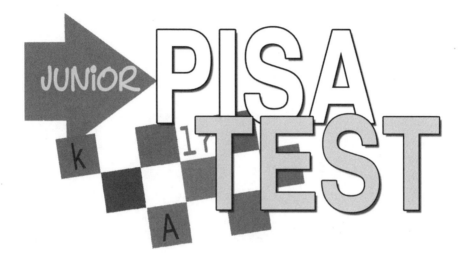

Autor: Son Tyberg
Deutscher Text: Günter Neidinger

FAVORIT-VERLAG • RASTATT

INHALTSVERZEICHNIS

Was heißt IQ?

IQ ist die Abkürzung von INTELLIGENZ-QUOTIENT. Das hört sich kompliziert an, ist aber in Wirklichkeit nur eine Zahl, die aussagt, wie intelligent jemand ist. Je höher die Zahl ist, desto größer ist das Denkvermögen.

Wie misst man den IQ?

Den IQ misst man mit speziellen Intelligenztests, die von Psychologen ausgearbeitet werden.
Dabei wird vor allem das logische Denken geprüft: Wie genau überlegt jemand und wie schnell begreift er.
Einige Tests sind verbal. Das bedeutet, dass Wörter verwendet werden. Je mehr Wörter man kennt, desto besser kann man den Test bewältigen. Andere Tests sind sprachfrei. Sie arbeiten mit Bilderrätseln.

Die IQ-Tests in diesem Buch sind sehr abwechslungsreich.
Sie testen dein Allgemeinwissen, deine Sprachfertigkeit, dein Rechentalent, dein räumliches Vorstellungs- und dein logisches Denkvermögen.

Wie hoch ist dein IQ?

Wenn du wissen willst, wie hoch dein IQ ist, musst du einen Test bei einem Psychologen ablegen. Er kann dann deinen IQ feststellen.
Wie du bereits weißt, ist der IQ eine Zahl.
Der durchschnittliche IQ ist 100. Mit einem IQ von 100 bist du durchschnittlich intelligent.
Wenn du eine Zahl unter 100 erreichst, ist dein Denkvermögen unter dem Durchschnitt deiner Altersgenossen.
Liegt dein IQ über 100, hast du, was den Verstand betrifft, einen Vorsprung gegenüber den meisten Kindern deines Alters.

Achtung!

Mit den Tests in diesem Buch kannst du deinen IQ nicht messen.
Die Zahl der erreichten Punkte zeigt dir aber, wie gut du die gestellten Aufgaben bereits lösen kannst.

Einstein, der klügste Mensch der Welt

Der Physiker Albert Einstein wurde 1879 in Deutschland geboren und starb 1955 in den USA. 1921 erhielt der bedeutende Wissenschaftler den Nobelpreis für Physik und gilt heute noch als der klügste Kopf. Dennoch hatten seine Eltern lange Zeit Angst, dass ihr Sohn dumm wäre. In der Oberschule hatte er in allen Fächern Schwierigkeiten, außer in Mathematik. Bei der ersten Aufnahmeprüfung für die Technische Hochschule in der Schweiz fiel er durch. Wenn also einer sagt, du seist dumm, dann denk an Albert Einstein. Vielleicht hast du noch eine große Zukunft!

Wie gebrauchst du dieses Buch?

In diesem Buch findest du vier Serien IQ-Tests. Jede Serie besteht aus fünf Tests mit jeweils 20 Fragen. Nach jeder Serie folgen die Lösungen und eine Punktetabelle.

Fang nicht irgendwo mitten im Buch an!

Die Tests steigern sich im Schwierigkeitsgrad. Fang also am besten mit der Serie 1 an! Sie ist eine gute Übung für das Denkvermögen. Dann werden die weiteren Reihen für dich leichter zu lösen sein.

Zähle deine Punkte zusammen!

Bei jedem Test legst du am besten ein Blatt Papier daneben, auf dem du die Nummer der Frage und deine Antwort notierst. Vergleiche nun nach jedem Test deine Antworten mit den Lösungen. Bei jeder richtigen Antwort machst du ein Kreuz in das entsprechende Kästchen der Punktetabelle. Die Anzahl der richtigen Antworten notierst du im Feld mit dem Buchstaben T.

	TEST 1			TEST 2			TEST 3			TEST 4			TEST 5		
1															
...															
20															
T															

Wie du siehst, gibt es für jeden Test drei Spalten. Du kannst also den Test wiederholen und deine Ergebnisse verbessern. Du kannst auch, wenn du alle Tests gemacht hast, wieder von vorne beginnen.

Was sagen die Punkte aus?

Erwarte nicht, dass du beim ersten Mal gleich alle 20 Punkte erreichst! Die Tests sind so gemacht, dass sie dein Denkvermögen schulen. Je mehr du übst, desto besser werden deine Ergebnisse. Versuche also allmählich die Punktezahl zu steigern! Das ist der beste Beweis, dass du bereits ein wenig schlauer geworden bist.

DU HAST EINE PUNKTEZAHL VON...

0 bis 3: Noch viel üben!
Das sind zu wenig Punkte, aber gib nicht gleich auf!
Je mehr du übst, desto schlauer wirst du.

4 bis 9: Vielversprechend!
Das sieht gut aus! Du bist auf dem richtigen Weg.
Übe weiter, damit du über 10 Punkte (die Mitte) kommst!

10 bis 15: Sehr gut!
Wer 10 von 20 Fragen richtig gelöst hat, zeigt, dass seine Gehirnzellen gut arbeiten. Wer sogar 15 richtige Antworten hat, kann zurecht stolz auf sich sein.

16 bis 20: Ausgezeichnet!
Das ist fast unglaublich! Du bist sehr klug und kannst allerhand Aufgaben lösen. Du wirst auch in der Schule sehr gute Ergebnisse erreichen!

Vorschläge für ein IQ-Quiz

Du kannst dich natürlich auch mit deinen Freunden messen. Wenn ihr zu zweit seid, könnt ihr zusammen in dieses Buch schauen. Wenn es mehr sind, machst du am besten Karten mit den Quizfragen.

Quizkarten

Du kannst die Fragen selber auf die Karten schreiben oder in den Computer tippen und dann ausdrucken. Du kannst sie auch vom Buch weg fotokopieren, ausschneiden und auf die Karten kleben. Für die Karten kannst du verschiedene Farben nehmen: Zum Beispiel weiß für Sprachfragen, gelb für Rechenfragen, blau für Logikfragen ...
Du brauchst 10 bis 20 Karten pro Teilnehmer.

Tipp: Schreibe zu jeder Frage die Nummer des Tests und der Frage dazu! So kannst du leichter die richtige Lösung im Buch finden.

Wie läuft das Quiz ab?

Die Karten werden nach Farben geordnet umgedreht auf den Tisch gelegt. Die Mitspieler nehmen nun reihum eine Karte derselben Farbe und nennen die Lösung der Aufgabe. Jede richtige Antwort gibt einen Punkt. Du kannst dazu die Punktetabellen hinten im Buch verwenden. Am Schluss werden die Punkte zusammengezählt.
Was der Gewinner bekommt, könnt ihr euch vorher überlegen.

TEST 1

1 Welches Tier steckt in den Buchstaben von GEIL?

_____

2 Welches Wort mit 3 Buchstaben kannst du hier einsetzen?

. . . WART   REK . . .

RE . . . TE   . . . SO

DOK . . .   . . . TUR

3 Welcher Clown gleicht dem Clown Nr. 2?

4 Was ist ein KANNIBALE?

0 ein Menschenfresser

0 ein Meerestier

0 ein Musikinstrument

5 Wenn du für 3 Bälle 9 Euro bezahlst, was kosten dann 2 Bälle?

6 Welche Figur passt nicht in die Reihe?

7 Welches Wort hat die gleiche Bedeutung wie MUTIG?
O tapfer
O feige
O edel

8 Welche Zahl folgt in dieser Reihe?

3	6	9	12	15	18	21	?

9 Welches von diesen Wörtern ist kein Vogel? Pass auf, die Buchstaben sind durcheinander geraten.

SELMA   **RAST**   **SAUM**   **SPINGLER**

10 Wer war PICASSO?
O ein Komponist
O ein Schriftsteller
O ein Maler
O ein Sänger

11 Wie viel Viertelstunden sind anderthalb Stunden?

---

12 Welches Wort ist richtig geschrieben?

VIELEICHT   **VIELLEICHT**

VILLEICHT   **VILEICHT**

13 Welches der Quadrate (A, B, C, D oder E) kommt an die
Stelle mit dem Fragezeichen?

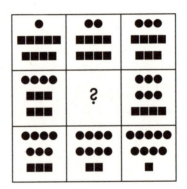

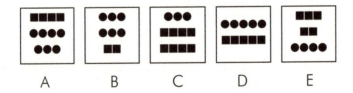

A   B   C   D   E

14 Welcher Monat hat 30 Tage?

JANUAR   FEBRUAR

MÄRZ   APRIL

15 Welches Wort passt nicht in die Reihe?

WARM   **LAU**   **ROT**   **KALT**

16 Welche Figur passt hier nicht dazu?

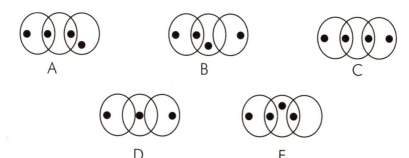

17 Welches Wort fehlt hier?

OHNE .... **KEIN PREIS**

18 Welche Zahl muss auf die Punkte kommen?

$$48 - \dots = 29$$

19 Welches Wort ist das Gegenteil von SCHÖN?

HÜBSCH   **HÄSSLICH**   **PRÄCHTIG**

20 Welches Wort kannst du aus diesen Silben bilden?

CHEN   KU   PFANN

TEST 2

1 Was bedeutet die Redewendung „mit den Hühnern aufstehen"?

0 spät schlafen gehen

0 früh aufstehen

0 spät aufstehen

2 Welche Frucht ist in diesem Satz versteckt?

Mama will mit Oma telefonieren.

3 Wie viel Wochen hat ein Jahr?

4 Welche Hülsenfrucht steckt in den Buchstaben von SENIL?

5 Was ist ein TOMAHAWK?

0 eine Streitaxt der Indianer

0 eine Schneehütte der Eskimos

0 eine Waffe der Cowboys

6 Wie heißt das Männchen der Kuh?

0 Hengst

0 Kalb

0 Stier

7 Welches Wort passt nicht in diese Reihe?

APFEL   BIRNE   PFLAUME   WURZEL

8 Wie heißt die nächste Zahl in der Reihe?

100   95   90   85   80   75   ?

9 Welches Wort steckt in diesem Rätsel? _____

Der erste Teil wächst auf der Wiese,
der zweite Teil kann dich stechen,
das ganze Wort ergibt einen Vogel.

10 Die beiden Waagschalen sind im Gleichgewicht.
Ein Apfel wiegt 100 g und eine Orange
200 g. Wie viel wiegt eine Birne?

11 Bei den folgenden Wörtern sind die Buchstaben durcheinander geraten. Welches Wort ist kein Tier?

ZATEK   GEIZE   HUK   KRANSCH

12 Was hat der Franzose Louis Braille im 19. Jahrhundert erfunden?
0 die Blindenschrift
0 das Fernsehen
0 die Nähmaschine

13 Welche beiden Buchstaben fehlen in der Reihe? _____

D E F I J K L M N O

14 Ein Ehepaar hat zwei Kinder. Vater und Mutter sind zusammen 70 Jahre alt. Der Sohn ist 10 und die Tochter 5 Jahre älter. Wie alt sind alle zusammen?

_____

15 Wenn du einen Nagel umlegst, stimmt die Summe.

16 Welches Wort ergeben diese Silben?

FER   **BLATT**   **ZIF**

17 Wie geht das Sprichwort weiter?
Lieber einen Spatz in der Hand,
0 als einen Vogel im Käfig.
0 als eine Taube auf dem Dach.
0 als eine Katze auf dem Baum.

18 Wie viele Quadrate siehst du hier? _____

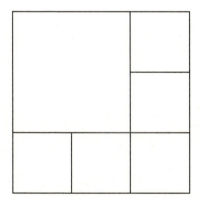

19 Was bedeutet der Wortteil TELE bei Television?

FERN   NAHE   HOCH

20 Welches Wort kannst du aus diesen Silben bilden?

CHES   OR   BLAS   TER

TEST 3

1 Welcher Drache gleicht dem mit der Nummer 3? _____

2 Was dauert am längsten?
0 ein Millenium
0 ein Jahrhundert
0 500 Jahre

3 Welches Wort ist richtig geschrieben?

P R O Z E S I O N

P R O T Z E S S I O N

P R O Z E S S I O N

4 Welches Wort ergeben diese Silben?

FON   LE   BUCH   TE

5 Welches Wort mit 3 Buchstaben kommt auf die Punkte?

ST . . .   SCHR . . .

GEB . . .   VER . . .

6 Welches Insekt ergeben die Buchstaben GEFIEL?

---

7 Mit welcher Zahl geht die Reihe weiter?

5 9 13 17 21 25 29

8 Welches Wort hat die gleiche Bedeutung wie FRÖHLICH?

munter   **launisch**   **frech**

9 Welches Wort passt hier nicht hin?

ZWERG

RIESE

KOBOLD

LILIPUTANER

10 Wie viele Monate haben 31 Tage?

---

11 Welches Wort mit vier Buchstaben steht für eine Tanzveranstaltung und ein Spiel- und Sportgerät?

12 Welches Quadrat kommt auf den Platz mit dem Fragezeichen?

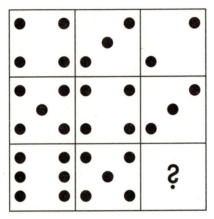

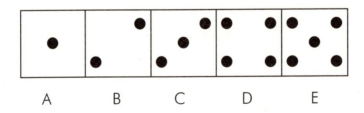

A   B   C   D   E

13 Wie heißt das Weibchen beim Hund?

RÜDE   HÜNDIN   WELPIN

14 Ein Auto fährt eine Strecke von 50 km mit einer Geschwindigkeit von 100 km pro Stunde. Wie lange ist es unterwegs?

15 Was ist ein Philatelist?

O jemand, der Bilder malt

O jemand, der im Finale steht

O jemand, der Briefmarken sammelt

16 Welche beiden Buchstaben fehlen in der Reihe? _____

P Q T U V W X Y Z

17 Wie heißt die Hauptstadt von Spanien?

MADRID   LISSABON   ROM

18 Welche Zahl ist nur durch 1 oder sich selbst teilbar?

42	37	49	18	25	16

19 Welches Tier hat sich in diesem Reim versteckt? _____

IM KOPF ERDACHT - DANN SCHNELL GEMACHT.

20 Ergänze die Selbstlaute in diesem Sprichwort!

M . RG . NST . ND   H . T   G . LD   . M

M . ND

TEST 4

1 Was bedeutet: „Kein Blatt vor den Mund nehmen"?
O kein Gemüse essen
O sagen, was man denkt
O nicht die Wahrheit sagen

2 Welche Figur (A, B, C oder D) setzt die Reihe fort?

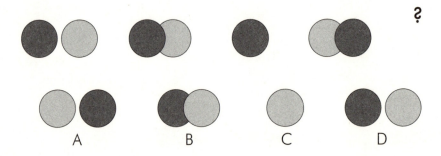

3 Auf die Punkte kommt ein Wort mit 3 Buchstaben. Welches?

. . . EL   . . . UAN

T . . . E   W . . . ER

TR . . . E   K . . . E

4 Welche Frucht ergeben die Buchstaben von RINEB?

5 Wenn heute Mittwoch ist, welcher Tag kommt dann vor übermorgen?

6 Welches Wort passt nicht in die Reihe?

SAUER   SÜSS   BÖSE   BITTER

7 Was ist ein Dreimaster?
0 ein dreifacher Meister
0 ein Segelschiff mit drei Masten
0 eine Geige mit drei Saiten
0 ein Gewehr mit drei Läufen

8 Die Reihenfolge der Buchstaben stimmt hier nicht.
Welches Wort nennt kein Gemüse?

ALSAT   STIPAN   TICHTER   WIKI

9 Wie heißt die nächste Zahl in der Reihe?

1   2   4   8   16   32   ?

10 Wenn du die Buchstaben ordnest, erfährst du den Beruf der Frau.

> *ANKE TRICHTI*

11 Wie heißt das männliche Huhn?

HAHN   **HENNE**   **KÜKEN**

12 Wer war Kolumbus?
0 ein Filmschauspieler
0 ein Entdecker
0 ein Maler

13 Was bedeutet AQUA im Wort Aquarium?

FISCH   **WASSER**   **ALGEN**

14 Wie viele Buchstaben hat das Alphabet?

22   **23**   **24**   **25**   **26**   **27**   **28**

15 Welches Wort ergeben die drei Silben?

TER   **WIT**   **GE**

16 Für welche Zahl steht das Herz?

$$2 \times \heartsuit = *$$
$$2 + 2 + 2 = *$$

$$\heartsuit = \underline{\qquad\qquad}$$

17 Welches ist das größte Tier der Welt?

RIESENHAI

BLAUWAL

ELEFANT

GIRAFFE

18 Ergänze das Sprichwort! Wer nicht wagt,

0 der fragt nicht.
0 der verliert nicht.
0 der gewinnt nicht.

19 Im Garten laufen gleich viel Hühner und Hasen herum.
Zusammen haben sie 12 Beine. Wie viel Hühner und Hasen
sind es?

_____

20 Wie viele Kreise sind hier gezeichnet? _____

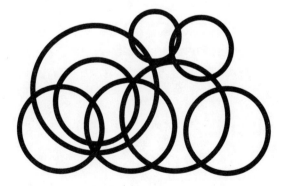

TEST 5

1 Wie viel Tage hat ein Schaltjahr?

363   364   365   366   367

2 Welchen Baum ergeben die Buchstaben von NATEN?

_____

3 Welche zwei Kätzchen sind gleich? _____

4 Welches Wort ist hier fehl am Platz?

GROSS

RIESIG

WINZIG

ENORM

5 Was gibt es am längsten?
0 das Auto
0 das Flugzeug
0 den Zug
0 das Schiff

6 Welches Wort ergeben die vier Silben?

TER   NAT   WIN   MO

7 Wer war Beethoven?
0 ein Komponist
0 ein Maler
0 ein Schriftsteller

8 Wie viele Beine hat eine Spinne?

_____

9 Wie heißt das Junge von einem Schwein?

WELPE   FERKEL   SAU

10 Welches Wort ist richtig geschrieben?

COMPUTER

KOMMPUTER

COMPIUTER

KOMPUTTER

11 Wie geht das Sprichwort weiter?
Der Apfel fällt...
O vom Baum herab.
O nicht weit vom Stamm.
O mir auf den Kopf.

12 Welches Quadrat (A, B oder C) kommt an die Stelle des Fragezeichens?

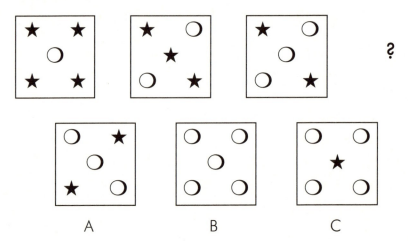

A   B   C

13 In diesem Satz sind Zahlen versteckt. Wie groß ist die Summe?

Nachts um drei viertel fünf Uhr hat es zweimal gekracht.

14 Mit welchem Buchstaben geht die Reihe weiter?

A D G J M P ......

15 Grün ist das Gras und rot ist die

BIRNE   TOMATE   PFLAUME

16 Welche Zahl passt nicht dazu?

6   14   28   4   13   20

17 Welcher Beruf steckt in diesem Satz? _____

Am Sonntag haben wir das Wasserschloss erkundet.

18 Wie viel Silben hat das Wort? _____

KÖNIGSSCHLOSSBESICHTIGUNGSBERECHTIGUNG

19 Wenn Weihnachten auf einen Mittwoch fällt, welcher Tag ist dann der 28. Dezember? _____

20 Welche Figur passt nicht in die Reihe?

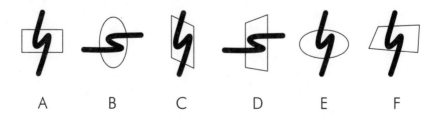

A   B   C   D   E   F

LÖSUNGEN SERIE 1

TEST 1

1. Igel
2. Tor
3. Clown 4
4. ein Menschenfresser
5. 6 Euro
6. 3. Figur (kein Kartensymbol)
7. tapfer
8. 24 (jeweils +3)
9. Saum = Maus
10. ein Maler
11. 6 Viertelstunden
12. vielleicht
13. D (jeweils 1 Punkt mehr und 1 Kästchen weniger)
14. April
15. rot (hat nichts mit Temperatur zu tun)
16. D (hat nur 3 Punkte)
17. Fleiß
18. 19
19. hässlich
20. Pfannkuchen

TEST 2

1. früh aufstehen
2. Tomate
3. 52
4. Linse
5. eine Streitaxt
6. Stier
7. Wurzel (ist kein Obst)
8. 70 (jeweils -5)
9. Grasmücke
10. 150 g
11. Kransch = Schrank
12. die Blindenschrift
13. G und H
14. 95 Jahre
15. V + VI = XI
16. Zifferblatt
17. als eine Taube auf dem Dach
18. 7 Quadrate
19. fern
20. Blasorchester

TEST 3

1. Drache 6
2. ein Millenium (1000 Jahre)
3. Prozession
4. Telefonbuch
5. ein
6. Fliege
7. 33 (jeweils +4)
8. munter
9. Riese (ist groß)
10. 7 Monate (Januar, März, Mai, Juli, August, Oktober, Dezember)
11. Ball
12. D (von oben nach unten jeweils 1 Punkt mehr, von links nach rechts 1 Punkt weniger)
13. Hündin
14. eine halbe Stunde
15. jemand, der Briefmarken sammelt
16. R und S
17. Madrid
18. 37
19. Pferd
20. Morgenstund hat Gold im Mund

TEST 4

1. sagen, was man denkt
2. A (Der dunkle Kreis wandert über den hellen Kreis.)
3. Ass
4. Birne
5. Donnerstag
6. böse (schmeckt nicht)
7. ein Segelschiff mit drei Masten
8. Wiki = Kiwi
9. 64 (jeweils x2)
10. Architektin
11. Hahn
12. ein Entdecker
13. Wasser
14. 26 Buchstaben
15. Gewitter
16. 3
17. Blauwal
18. der gewinnt nicht.
19. 2 Hühner und 2 Hasen
20. 8 Kreise

TEST 5

1. 366 Tage
2. Tanne
3. 3 und 6
4. winzig (ist nicht groß)
5. das Schiff
6. Wintermonat
7. ein Komponist
8. 8 Beine
9. Ferkel
10. Computer
11. nicht weit vom Stamm.

12. C (jeweils 1 Stern weniger und 1 Kreis mehr)
13. 30
14. S (jeweils 2 Buchstaben überspringen)
15. Tomate
16. 13 (ungerade Zahl)
17. Schlosser
18. 11 Silben
19. Samstag
20. C (beide Figuren stehen in der gleichen Richtung)

PUNKTETABELLE SERIE 1

Für jede richtige Antwort kannst du ein Kreuzchen machen, die du unten bei T zusammenzählst. Jede Testfrage hat drei Kästchen. Du kannst den Test also zweimal wiederholen und dich dabei verbessern.

	TEST 1			TEST 2			TEST 3			TEST 4			TEST 5		
1																
2																
3																
4																
5																
6																
7																
8																
9																
10																
11																
12																
13																
14																
15																
16																
17																
18																
19																
20																
T																

TEST 6

1 Wer verteidigt einen Angeklagten vor Gericht?

O ein Notar

O ein Rechtsanwalt

O ein Richter

2 Welcher Buchstabe ist das Ergebnis dieser Aufgabe?

3 Ein Pfeil gehört zum Bogen wie die Kugel zur

KATZE   KERZE   KANONE

4 Welches Quadrat (A, B oder C) kommt an die Stelle des Fragezeichens?

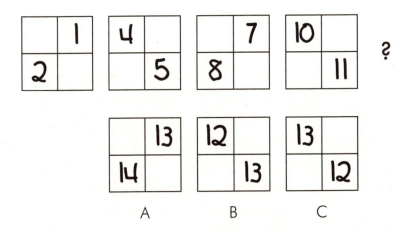

A   B   C

5 Welches Wort mir 3 Buchstaben fehlt hier?

TURM . . .   K . . . EIHER
. . . WERK   F . . . WERK

6 Bilde ein Wort mit den Buchstaben von REGLO!

---

7 Was ist ein Iglu?
0 ein italienisches Eis
0 eine Schneehütte
0 ein Motorschlitten

8 Die Buchstaben dieser Wörter sind durcheinander geraten.
Welches Wort ist kein Obst?

SCHIRKE BREIN   BRESE   PAFEL

9 Welches Wort passt hier nicht hin?

JUDO KARATE BOXEN WANDERN

10 Wie viel Wochen hat ein halbes Jahr?

---

11 Welches Wort ergeben diese Silben?

NO   RUS   SAU   DI

12 Vervollständige das Sprichwort! Wo ein Wille ist,
0 ist ein Weg.
0 ist kein Schmerz.
0 ist auch Gewinn.

13 Welche Figur gehört nicht in die Reihe?

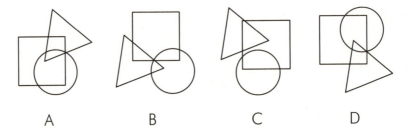

A   B   C   D

14 Welches Musikinstrument ist in diesem Satz versteckt?

Ich will gern ohne Sorge leben.

15 Mit welchem Buchstaben geht die Reihe weiter?

Z   X   V   T   R   P   N

16 Was bedeutet der Spruch „mit der Tür ins Haus fallen"?
0 ins Haus stolpern
0 den Schlüssel vergessen
0 gleich sagen, was man will

17 In diesem Satz sind Zahlen versteckt. Wie groß ist ihre Summe?

Herr Welfge stellte einst drei Zweige auf sein schönes Klavier und machte Musik.

_____

18 Wer erfand das Telefon?
0 Thomas Alva Edison
0 Graham Bell
0 Samuel Morse

19 Welcher Ausdruck ist hier gemeint?

komDAmen

_____

20 Was bedeutet GIGANTISCH?
0 riesengroß
0 winzig
0 steinreich

TEST 7

1 Welche Ziffer kommt hier am meisten vor?

32	6	64
78	26	63
9	45	39

2 Welches Wort ist hier fehl am Platz?

DELFIN   HERING
LACHS   MAKRELE

3 Was ist ein Speläologe
  0 ein Spieleerfinder
  0 ein Bergsteiger
  0 ein Höhlenforscher

4 Welche Figur (A, B oder C) fehlt beim Fragezeichen?

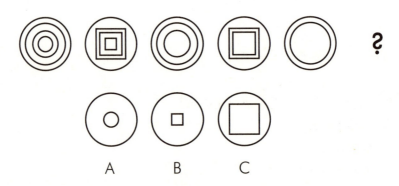

A   B   C

5 Kiwi ist eine Frucht, aber auch ein ...

FAHRZEUG   VOGEL   KLEIDUNGSSTÜCK

6 Welches Wort mit 3 Buchstaben passt hier?

M . . .	B . . . ER
R . . .	. . . FEIGE
. . . WURM	B . . . INSEL

7 Wie heißt ein junger Hund?

Wölfchen   Welpe   Erpel

8 Welches Wort kannst du aus diesen Silben bilden?

TER PU SPIEL COM

9 Welches Wort ist richtig geschrieben?

UNDMITTELBAR

UNMIDELBAR

UNMITTELBAR

UNMITTELBAHR

10 Was bedeutet der Spruch „Halt die Ohren steif"?
   0 Steh gerade hin!
   0 Setz dich nicht hin!
   0 Gib nicht auf!

11 Welcher Vogel steckt in den Buchstaben von TEEN?

_____

12 Welches Tier versteckt sich hier?

Gestern kam Elisabeth zu Besuch.

_____

13 Welche beiden Buchstaben fehlen in der Reihe?

H   I   J   K   M   O   P   Q   R

_____

14 Wie viele Quadrate sind das? _____

15 Welche beiden Figuren sind gleich? _____

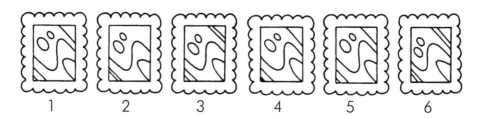

1   2   3   4   5   6

16 Was bedeutet die Abkürzung EU?

_____

17 Welche Zahl fehlt?

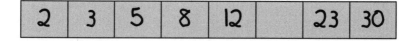

| 2 | 3 | 5 | 8 | 12 | | 23 | 30 |

18 Wie hoch ist der Mount Everest, der höchste Berg der Erde?

5880 m   **8850 m**   **9999 m**

19 Was trinkt die Kuh?

WASSER   **MILCH**   **BIER**

20 Was kommt ins leere Kästchen?

| 2 | 3 | 4 | 2 | 3 | 4 | 2 | |
| a | c | e | g | i | k | m | |

TEST 8

1 Welches Wort mit 3 Buchstaben passt hier?

. . . ACHTEN . . . SHERR FRACHT . . .

2 Welches Gesicht passt hier nicht hin? _____

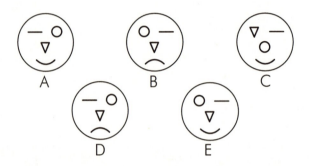

3 Welches Wort ergeben diese Silben?

MO   TI   KO   LO   VE

4 Worauf sitzt ein Fakir?
0 auf roten Rosen
0 auf einem Nagelbrett
0 auf goldenen Eiern

5 Welches Insekt steckt in den Buchstaben von LIRGEL?

_____

6 Welches Wort passt hier nicht?

DACKEL
SCHIMMEL
PUDEL
TERRIER

7 Wer war Charlie Chaplin?
0 ein Sänger
0 ein Schauspieler
0 ein Zauberkünstler

8 Wenn du einen Nagel änderst, stimmt die Rechnung.

9 In einer Pappelallee stehen 7 Pappeln im Abstand von 10 m. Wie weit stehen die erste und letzte Pappel voneinander entfernt?

_____

10 Welches Wort hat die gleiche Bedeutung wie BEKOMMEN?

GEBEN   EMPFANGEN   NEHMEN   BESUCHEN

11 Welches dieser Wörter passt in die logische Reihe?
Bruder, Nichte, Tochter, Baby?

OMA   MAMA   TANTE   MUTTER   ?

12 Wie geht das Sprichwort weiter?
Morgenstund
0 macht dich gesund.
0 macht alles rund.
0 hat Gold im Mund.

13 Welches Quadrat (A, B oder C) passt beim Fragezeichen?

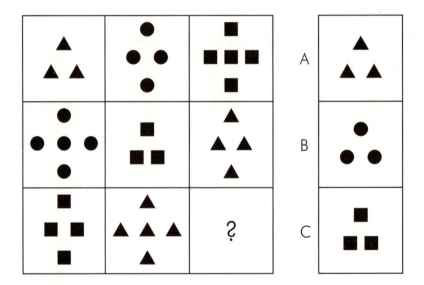

14 Wie viele Monate hat ein Dreivierteljahr?

15 Wenn du die Buchstaben umstellst, erfährst du den Beruf des Mannes.

BERNT MAEHBA

16 Ein Wort passt hier nicht. Welches?

DEUTSCHLAND   NIEDERLANDE
FRANKREICH   AMSTERDAM

17 Welche beiden Buchstaben fehlen?

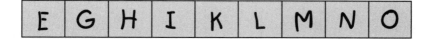

18 Wie heißt das weibliche Hausschwein?

BACHE   SAU   STUTE

19 Was bedeutet „Fersengeld geben"?
0 Falschgeld geben
0 davonrennen
0 etwas schenken

20 Welche Sprache steckt in diesem Satz?

Er würde mir keinen Deut schenken.

TEST 9

1 Welchen Wert hat W?

F = 6	K = 11	T = 20	B = 2	N = 14	W = ?

2 Wie geht die logische Reihe weiter?
Wähle aus: Katze, Leopard, Elefant, Löwe

AFFE   BIBER   CHAMÄLEON   DACHS   ?

3 Welche Figur (A, B oder C) kommt an die Stelle des
Fragezeichens?

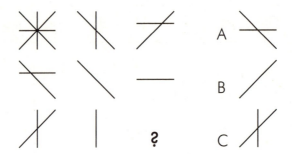

4 Welches Tier hatte in einem Lied Streit mit einem Kuckuck?

PFERD   ESEL   SCHWEIN   KUH

5 Ein Vegetarier ist jemand, der
O kein Gemüse isst.
O kein Bier trinkt.
O kein Fleisch isst.

6 Welche beiden Autos sind gleich? _____

7 Was ist der Sohn von der Schwester deines Vaters?
0 dein Onkel
0 dein Cousin
0 dein Neffe

8 Schön passt zu hässlich wie groß zu

ENORM	KLEIN	VIEL

9 Welches Wort gehört nicht in die Reihe?

TENNIS   HANDBALL   BASKETBALL   JUDO

10 Welches Wort mit 3 Buchstaben passt?

. . . **GEN**   . . . **L**

VER . . . **FEN**   . . . **SEN**

11 Wie heißt der äußerste Planet in unserem Sonnensystem?

12 In jedem dieser fünf Quadrate sind Zahlen einer Einmaleinsreihe. Eine Zahl hat sich eingeschlichen. In welchem Quadrat?

2	10
24	36

3	12
21	27

4	16
25	40

5	15
20	35

6	12
24	36

A   B   C   D   E

13 Was bedeutet das Sprichwort „lange Zähne machen"?
O mit Widerwillen essen
O mit Appetit essen
O Zahnschmerzen haben

14 Was ist ein Meteorologe?
O einer, der Meteore beobachtet.
O einer, der das Wetter vorhersagt.
O einer, der Meterstäbe herstellt.
O einer, der Steine untersucht.

15 Welcher Vogel steckt in den Buchstaben von TERSEL?

16 Welche Farbe ist in diesem Satz versteckt?

Wenn mein Vater nach Oran geht, darf ich mit.

---

17 Tim und Tina haben zusammen 20 Euro gespart. Tim hat in seinem Sparschwein 2 Euro mehr als Tina. Wie viel Euro hat Tina?

---

18 Aus welchem Wort kannst du einen Monat bilden?

MARS   AMI   PRALINE   DOKTOR

19 Wer war Napoleon?
O ein römischer Kaiser
O ein französicher Kaiser
O ein deutscher Kaiser

20 Welche Zahl kommt ins graue Kästchen?

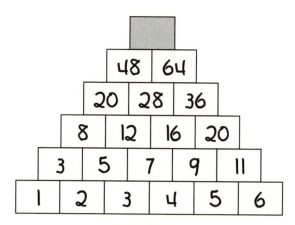

TEST 10

1 Wie viele Hasen bringen die dritte Waage ins Gleichgewicht?
Oder: Wie viele Hasen wiegen so viel wie Hahn und Henne
zusammen? _____

2 Welches Wort passt nicht in die Reihe?

PARIS   BRÜSSEL   LONDON   SCHWEIZ

3 Wie geht das Sprichwort weiter?
Bellende Hunde
0 sind gefährlich.
0 beißen nicht.
0 darf man nicht streicheln.

4 Wie heißt das weibliche Pferd?

STUTE   HENGST   FOHLEN

5 Wie viele Beine haben 3 Spinnen, 3 Käfer, 3 Hühner und
3 Schweine zusammen?

6 Welches Wort ergeben diese Silben?

SCHÜ   AL   RE   LER

7 Welcher Selbstlaut fehlt in diesen Wörtern?

B . S T . L L . N

V . R S T . H . N

S C H N . . B . S . N

8 Mit welcher Figur (A, B oder C) kannst du die logische Reihe fortsetzen?

A   B   C   D

9 Welches Wort mit 3 Buchstaben fehlt hier?

S C H W . . .   W . . .

V E R . . .   S T . . .

10 Welcher Körperteil ist im Satz versteckt? _____

Aus dem Rohr floss frisches Wasser.

11 Wie spät ist es, wenn der große Zeiger auf 6, der kleine Zeiger zwischen 3 und 4 steht und es draußen noch nicht dunkel ist.

_____

12 Schau dir diesen Unsinnsatz genau an! Was ist das Besondere daran?

_____

NENNER TUT RENNEN

13 In welchem Monat beginnt der Frühling?

JANUAR   FEBRUAR   MÄRZ   APRIL

14 Wie heißt die fehlende Zahl? _____

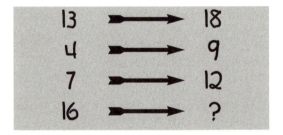

15 Wer war Thomas Alva Edison?
0 der Erfinder der Eisenbahn
0 der Erfinder der Glühbirne
0 der Erfinder des Computers
0 der Erfinder der CD

16 Welche Figur kommt ins leere Feld?

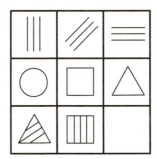

17 Was bedeutet TRANSPARENT?

SCHRÄG   DURCHSICHTIG   FIEBRIG

18 Seite gehört zum Buch wie
O Baum zu Blatt
O Autor zu Bibliothek
O Backstein zu Mauer

19 Welches Tier steckt in den Buchstaben von REDELMAFUS?

_____

20 Warum passt 22 nicht in diese Reihe?

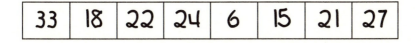

LÖSUNGEN SERIE 2

TEST 6

1. ein Rechtsanwalt
2. Buchstabe X
   (römische Ziffer für 10)
3. Kanone
4. A (oben und unten
   jeweils +3)
5. Uhr
6. Orgel
7. eine Schneehütte
8. Brese = Erbse
9. Wandern
   (kein Kampfsport)
10. 26
11. Dinosaurus
12. ... ist ein Weg.
13. C (Dreieck und Kreis
    überlappen sich nicht)
14. Orgel
15. L (Alphabet rückwärts,
    jeweils 1 Buchstabe fehlt)
16. gleich sagen, was man will
17. 30
18. Graham Bell
19. da-zwischen-kommen
20. riesengroß

TEST 7

1. Ziffer 6
2. Delfin (ist kein Fisch)
3. ein Höhlenforscher
4. C (abwechselnd rund und
   viereckig, jeweils 1 Figur
   weniger)
5. Vogel
6. Ohr
7. Welpe
8. Computerspiel
9. unmittelbar
10. Gib nicht auf!
11. Ente
12. Kamel
13. L und N
14. 8 Quadrate
15. 1 und 5
16. Europäische Union
17. 17 (+1, +2, +3, +4, ...)
18. 8850 m
19. Wasser
20. 3 und o (die Ziffern 2, 3
    und 4 werden wiederholt,
    fortlaufend fehlt 1
    Buchstabe)

TEST 8

1. Gut
2. C (Auge kein Kreis, Nase kein Dreieck)
3. Lokomotive
4. auf einem Nagelbrett
5. Grille
6. Schimmel (ist kein Hund)
7. ein Schauspieler
8. VI - II = IV
9. 60 m
10. empfangen
11. Tochter (immer 1 Buchstabe mehr)
12. ... hat Gold im Mund.
13. B (in jeder Reihe sind 3 verschiedene Figuren)
14. 9 Monate
15. Bahnbeamter
16. Amsterdam (ist kein Land)
17. F und J
18. Sau
19. davonrennen
20. deutsch

TEST 9

1. 23 (23. Buchstabe im Alphabet)
2. Elefant (alphabetisch geordnet)
3. B (jede Figur der 1. Reihe ist aus den beiden folgenden zusammengesetzt)
4. Esel
5. ... kein Fleisch isst.
6. 2 und 5
7. dein Cousin
8. klein
9. Judo (ist kein Ballsport)
10. Sau
11. Pluto
12. C (25 ist keine Viererzahl)
13. mit Widerwillen essen
14. einer, der das Wetter vorhersagt.
15. Elster
16. orange
17. 9 Euro
18. Ami = Mai
19. ein französischer Kaiser
20. 112 (jeweils Summe der beiden Zahlen darunter)

TEST 10

1. 2 Hasen
2. Schweiz (ist keine Stadt)
3. ... beißen nicht.
4. Stute
5. 60 Beine
6. Realschüler
7. Buchstabe E
8. A (Dreieck mit Punkt, Spitze nach rechts)
9. ein
10. Ohr
11. 15.30 Uhr
12. Du kannst ihn vor- und rückwärts lesen.
13. März
14. 21 (jeweils +5)
15. der Erfinder der Glühbirne
16. D (je 3 verschiedene Figuren und Streifenrichtungen)
17. durchsichtig
18. Backstein zu Mauer
19. Fledermaus
20. 22 ist keine Dreierzahl.

PUNKTETABELLE SERIE 2

Für jede richtige Antwort kannst du ein Kreuzchen machen, die du unten bei T zusammenzählst. Jede Testfrage hat drei Kästchen. Du kannst den Test also zweimal wiederholen und dich dabei verbessern.

	TEST 6			TEST 7			TEST 8			TEST 9			TEST 10		
1																
2																
3																
4																
5																
6																
7																
8																
9																
10																
11																
12																
13																
14																
15																
16																
17																
18																
19																
20																
T																

SERIE 3

TEST 11

1 Was passt nicht dazu?

ECKBALL   **BARKEEPER**
STRAFRAUM   **SCHIEDSRICHTER**

2 Wenn du die Buchstaben umstellst, erfährst du den Beruf des Mannes. _____

ROLF   SPIEGEL

3 Wie viele verschiedene Buchstaben hat das Wort MÄRZENBECHER? _____

4 Welche Figur passt hier nicht?

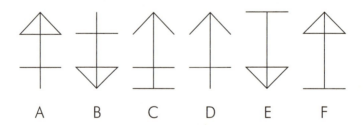

A   B   C   D   E   F

5 Was bedeutet die Abkürzung DRK? _____

6 Welches ist kein Vogel?

WIEDEHOPF   **HAUBITZE**
KIEBITZ   **ZAUNKÖNIG**

7 Welcher Schlüssel ist gleich wie Nr. 2? _____

8 Welche Verwandte steckt in diesem Satz?_____

Ich muss mit dem Sultan telefonieren.

9 Welches Wort mit 3 Buchstaben passt hier?

. . . S P R E C H E R   . . . B I T T E

B E . . . W O R T E N   D A . . .

10 Welche beiden Zahlen sind hier fehl am Platz?

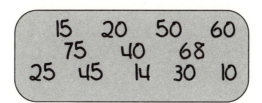

11 Wie heißt das gebogene Holz, das von selbst zurückkommt, wenn man es fortschleudert? _____

12 Welches Quadrat (A, B oder C) fehlt beim Fragezeichen?

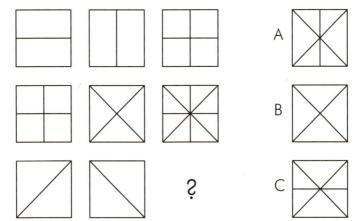

13 Was ist ein Wigwam?
    0 ein Baumhaus
    0 eine Berghütte
    0 ein Indianerzelt

14 Welche Zahl erhältst du?
    Die Anzahl der Augen eines Würfels
    + die Anzahl der Tage des Oktobers
    + ein halbes Dutzend

_____

15 Welches Tier ergeben diese Silben?

ME   DAR   DRO

_____

16 Wenn du diese Zahlen in Buchstaben umwandelst (Alphabet), nennen sie dir eine Sportart. _____

> **20 - 5 - 14 - 14 - 9 - 19**

17 Was bedeutet der Ausspruch „auf beiden Beinen stehen"?
0 dass man gut springen kann.
0 dass man gut zurechtkommt.
0 dass man wieder gesund ist.

18 Welche Zahl ist hier versteckt? _____

$$4 \quad \frac{t}{h} \quad (t=d) \quad 8 \quad \& \quad 5 \quad zig$$

19 Welches Wort gehört nicht dazu?

KARTOFFEL   EI   RETTICH   SALAT

20 In jedem Kreis ist ein Buchstabe doppelt. Welches Wort kannst du damit bilden? _____

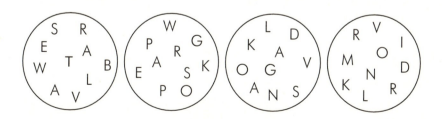

TEST 12

1 Das Schaf wiegt 10 kg mehr als der Affe. Wie viel wiegt der Affe?

2 Wie geht das Sprichwort weiter?
Ist die Katze aus dem Haus,
0 ist der Hund der König.
0 freuen sich die Vögel.
0 tanzen die Mäuse.

3 Was kann man nicht essen?

APFELSTRUDEL   APFELSINE
APFELWICKLER   APFELMUS

4 Welche Zahl folgt?

57	51	45	39	33	27	?

5 Welches Wort passt nicht?

MARS   MOND   JUPITER   VENUS

6 Was ist eine Grasmücke?

0 eine Stechmücke

0 ein Vogel

0 ein Salzgebäck

7 Welches Kreuz passt nicht dazu? _____

A   B   C   D   E

8 Was gehört nicht zum Schachspiel?

0 Reiter

0 Springer

0 König

0 Turm

9 Welchen Beruf nennen die Zahlen, wenn du sie in Buchstaben (Alphabet) verwandelst?

4 - 15 - 11 - 20 - 15 - 18

10 Welches Wort ergeben diese Silben?

IN MENT SCHLAG STRU

11 Welche Ziffer fehlt beim Fragezeichen? _____

$$\begin{array}{r} 289 \\ + 5?4 \\ \hline 813 \end{array}$$

12 Welches Wort mit 3 Buchstaben passt hier?

A R . . . T   . . . S P I E L

V O R . . .   . . . R A T

. . . L   A N . . .

13 Was ist eine FATA MORGANA?
 O eine Heldensage
 O eine Luftspiegelung
 O ein indisches Gericht

14 Welcher Kreis (A, B oder C) kommt an Stelle des Fragezeichens?

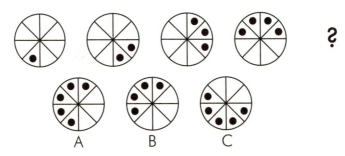

15 Wie viele Farben hat ein Regenbogen?

_____

16 Welches Wort ist richtig geschrieben?

NEUGIERICH
NEUGIERIK
NEUGIERIG

17 Welche Rechnung passt hier nicht?

53 - 18   **17 + 19**
7 x 5   **70 : 2**

18 Welchen Beruf hat dieser Mann?

DIRK ROTE

19 Welches Wort bedeutet, dass man große Schulden hat und nicht bezahlen kann?
O BANKROTT
O BANKIER
O BANKETT

20 Welcher Vogel ist hier versteckt?

GALLANTICH

TEST 13

1 Von welchem Tier soll man, dem Sprichwort nach, nicht die Haut verkaufen, bevor es erlegt ist?

ESEL   BÄR   PFERD   WOLF

2 Welches Wort ergeben diese Silben?

ME   MO   THER   TER

_____

3 Was taten die Gebrüder Grimm?
O Sie erfanden den Filmprojektor.
O Sie waren die ersten Flugzeugpiloten.
O Sie sammelten Märchen.

4 Welche Figur passt nicht in die Reihe? _____

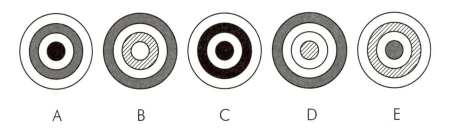

A   B   C   D   E

5 Welches ist kein Tanz?

BOLERO   MIKADO
TANGO   WALZER

6 Wie viel verschiedene Buchstaben hat das Wort? _____

SCHLARAFFENLAND

7 Welches Feuer gleicht dem Feuer Nr. 6? _____

8 Zähle alles zusammen! _____

    * die Tage im Dezember
    * die Monate im Jahr
    * die Stunden am Tag
    * die Sekunden in der Minute

9 Welche Zahl gehört hier nicht hin?

1397	7139	1793	3739	9731

10 Welches Wort passt hier nicht?

SCHILDKRÖTE   NATTER   KROKODIL   FROSCH

11 Welchen Beruf hat dieser Mann? Du erfährst es, wenn du die Buchstaben umstellst.

MANNI REMMZ

---

12 Welches Wort ist hier fehl am Platz?
O MASERN
O MALARIA
O MUMPS
O MALLORCA
O GRIPPE

13 Pfeffer gehört zu Salz wie Federhalter zu

PAPIER   KARTON   TINTE

14 Welches Kreuz passt nicht in die Reihe?

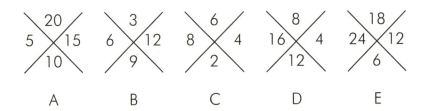

A   B   C   D   E

15 Welches Land ist in diesem Satz versteckt?

Weißt du, wer den Südpol entdeckt hat?

---

16 Welches Wort mit 3 Buchstaben passt?

. . . N   . . . H A N G

Z U . . .   H E R . . .

B E . . .   . . . N E H M

17 Ein Gesicht passt hier nicht. Welches?

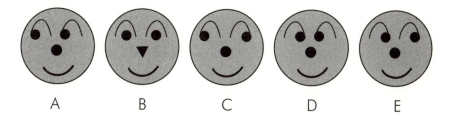

A   B   C   D   E

18 In dem Satz sind Zahlen versteckt. Wie groß ist ihre Summe?

Die Klavierspielerin Elfi Wachter zweifelte, ob die Achtelpause nach den fünf Sechzehntelnoten ihre Daseinsberechtigung hatte.

19 Mit welchem Buchstaben wird diese Reihe fortgesetzt?

V   S   P   M   J   ?

20 Wer war John F. Kennedy?
0 ein amerikanischer Präsident
0 ein erfolgreicher Sportler
0 ein berühmter Musiker

TEST 14

1 Welche Zahlen kommen in die leeren Ringe?

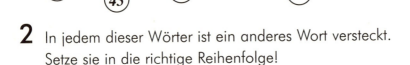

2 In jedem dieser Wörter ist ein anderes Wort versteckt.
Setze sie in die richtige Reihenfolge!

ERDREISTEN   DEREINST   REVIER   VERZWEIGT

---

3 Was bedeutet der Ausdruck „ein Nickerchen machen"?
O einen kleinen Kuchen backen
O sich verbeugen
O ein Schläfchen halten

4 Welches Tier ergeben diese Silben? _____

I   STA   GEL   CHEL

5 Welcher Vogel mit 4 Buchstaben ist zugleich eine Berühmtheit?

---

6 Welches Wort kannst du aus diesen Silben bilden?

KRAT   KEN   ZER   WOL

---

7 Welcher Pfeil kommt an die Stelle des Fragezeichens? _____

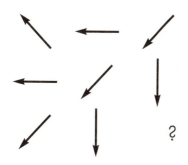 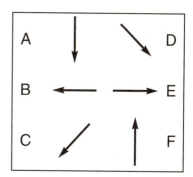

8 Was ist kein Tier?

FAULTIER

      FAULPELZ

            OKAPI

                KOALA

9 Wie viele verschiedene Buchstaben hat dieses Wort? _____

PARALLELOGRAMM

10 Welches Wort mit 3 Buchstaben kommt auf die Punkte?

H . . .	M . . .
KL . . .	FL . . . EN
KR . . . E	HIN . . .

11 Welche beiden Figuren sind gleich, wenn du sie richtig drehst?

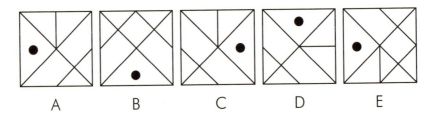

A   B   C   D   E

12 Welches Tier kannst du aus den Buchstaben von SAHRNON bilden?

_____

13 Kamel gehört zu Höcker wie Hai zu

FLOSSE   WASSER   HAINBUCHE

14 Welches Wort ist die Lösung dieses Rätsels? _____

Das erste Wort ist ein kleiner See.
Durch das zweite Wort fließt Wasser.
Das dritte Wort nennt einen Künstler.
Zusammengesetzt ergibt es einen Vogel.

15 Welcher Vogel dreht hier eine Runde?

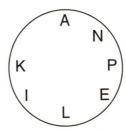

16 Welches Wort passt hier nicht hin?

TULPE ROSE BUCHE LILIE

17 Welchen Beruf enthält diese Geheimschrift?

□ △ ○ ✳ ● ◖ ⊥ △◗	LIKOERTIP
◗ ✳ □ △ ⊥ △ ○ ● ◖	?

18 In diesem Satz sind zwei Fische versteckt. Welche?

Der Hainbuchenstamm hat zahlreiche Ringe.

19 Welches Wort hat die gleiche Bedeutung wie WOHLHABEND?

GESUND   **KRANK**

REICH   **ARM**

LUSTIG   **TRAURIG**

20 Was zeigt ein Barometer an?
O die Temperatur
O die Windstärke
O den Luftdruck
O die Luftfeuchtigkeit

TEST 15

1 Welches ist keine Farbe?

BEIGE
UMBRA
ORANGE
OREGANO

2 Welche Münze gleicht der 1. Münze? _____

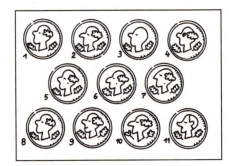

3 Sechs Kugelschreiber kosten 12 Euro und zwölf Bleistifte 6 Euro. Wie viel musst du für 12 Kugelschreiber und 6 Bleistifte bezahlen?

_____

4 Mit welcher Zahl wird die Reihe fortgesetzt?

10 20 15 25 20 30 25 35 ?

5 Ein Wort passt hier nicht hin. Welches?

APFEL BANANE ANANAS ORANGE

6 Wie viel mal wird hier OXO gebildet? Auch diagonal zählt!

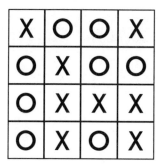

_____

7 Welches Wort mit 3 Buchstaben passt hier?

H . . . E N   . . . E

B . . . A S T   D . . . I N

W . . . E   H . . . E R

8 Zahn gehört zum Gebiss wie
O Nadel zum Faden.
O Messer zum Besteck.
O Brief zur Briefmarke.

9 Welches Wort mit fünf Buchstaben ist gleichzeitig eine Frucht und ein Lampenteil?

_____

10 Welches Wort ist richtig geschrieben?

JACHTHAFEN   JACHTHAVEN
JACHDHAFEN   JACHTHAAFEN

11 Wenn du die Buchstaben umstellst, findest du den Beruf des Mannes.

EWALD   RÜTH

12 In diesem Satz sind drei Tiere versteckt.

Beim Gärtner Kuhn in Wesel gibt es Blumentopferde.

13 Welche Figur passt nicht?

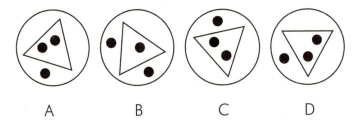

A   B   C   D

14 Was bedeutet der Ausdruck „grün hinter den Ohren"?
0 nicht gewaschen sein
0 ein Neuling sein
0 krank sein

15 Welches Wort mit 3 Buchstaben passt hier hinein und ergibt auch mit beiden Wortteilen allein einen Sinn?

K A N . . . H A U S

16 Welches Wort kannst du aus den Buchstaben von STRAUCH-DIEB nicht bilden, wenn du jeden Buchstaben nur einmal verwendest.

TAUCHER   RAUCHER
BRAUCH   STREICH

17

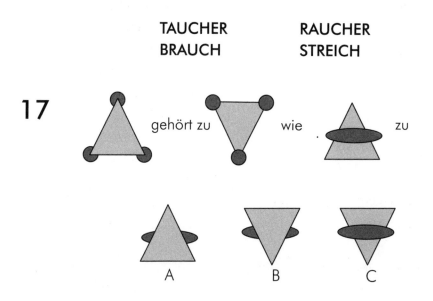

gehört zu ... wie ... zu

A   B   C

18 In welchem Jahr setzte zum ersten Mal ein Mensch einen Fuß auf den Mond?

1896   1926   1969   1996

19 Onkel Gustav ist der Bruder meines Vaters. Manfred ist der Bruder meines Onkels, aber er ist nicht mein Onkel. Was ist er dann? _____

20 Welches Land kannst du mit den Buchstaben von SEIN und PAN bilden? _____

LÖSUNGEN SERIE 3

TEST 11

1. Barkeeper
2. Golfspieler
3. 9 Buchstaben
4. D (hat nur 1 waagrechte Linie)
5. Deutsches Rotes Kreuz
6. Haubitze
7. Schlüssel 9
8. Tante
9. für
10. 14 und 68 (nicht durch 5 teilbar)
11. Bumerang
12. B (Figur 1 plus Figur 2)
13. ein Indianerzelt
14. 58
15. Dromedar
16. Tennis
17. dass man gut zurechtkommt
18. 458
19. Ei (ist keine Pflanze)
20. Paar

TEST 12

1. 20 kg
2. tanzen die Mäuse.
3. Apfelwickler
4. 21 (jeweils -6)
5. Mond (ist kein Planet)
6. ein Vogel
7. B (nach links oder rechts drehend muss A, B, C, D zu lesen sein)
8. Reiter
9. Doktor
10. Schlaginstrument
11. 2
12. bei
13. eine Luftspiegelung
14. A (jeweils 1 Punkt mehr und der 1. Punkt ist jeweils ein Kästchen weiter)
15. 7 (rot, orange, gelb, grün, blau, indigo, violett)
16. neugierig
17. 17 + 19 (Lösung ist nicht 35)
18. Direktor
19. bankrott
20. Nachtigall

TEST 13

1. Bär
2. Thermometer
3. Sie sammelten Märchen.
4. D (einzige Figur mit 2 weißen Kreisen nebeneinander)
5. Mikado
6. 10 Buchstaben
7. Nummer 4
8. 127
9. 3739 (hat nicht die Ziffern 1, 3, 7 und 9)
10. Frosch (ist kein Reptil)
11. Zimmermann
12. Mallorca (ist keine Krankheit)
13. Tinte
14. D (Zahlenfolge stimmt nicht)
15. Polen
16. vor
17. B (Nase ist nicht rund und Augen stehen allein)
18. 55
19. G (Alphabet rückwärts und 2 Buchstaben überspringen)
20. ein amerikanischer Präsident

TEST 14

1. 30 und 24 (beide Zahlen jeweils -5)
2. dereinst, verzweigt, erdreisten, Revier (Ziffern 1 bis 4)
3. ein Schläfchen halten
4. Stacheligel
5. Star
6. Wolkenkratzer
7. D (je eine Achteldrehung weiter)
8. Faulpelz
9. 8 Buchstaben
10. aus
11. A und D
12. Nashorn
13. Flosse
14. Teichrohrsänger
15. Pelikan
16. Buche (ist keine Blume)
17. Politiker
18. Hai und Hering
19. reich
20. den Luftdruck

TEST 15

1. Oregano
2. Nummer 8
3. 27 Euro
4. 30 (abwechselnd +10, -5)
5. Apfel (ist keine Südfrucht)
6. 6 mal
7. elf
8. Messer zum Besteck.
9. Birne
10. Jachthafen
11. Waldhüter
12. Kuh, Esel, Pferd
13. B (2 Punkte außerhalb des Dreiecks)
14. ein Neuling sein
15. TOR
16. Raucher
17. B
18. 1969
19. mein Vater
20. Spanien

PUNKTETABELLE SERIE 3

Für jede richtige Antwort kannst du ein Kreuzchen machen, die du unten bei T zusammenzählst. Jede Testfrage hat drei Kästchen. Du kannst den Test also zweimal wiederholen und dich dabei verbessern.

	TEST 11			TEST 12			TEST 13			TEST 14			TEST 15		
1															
2															
3															
4															
5															
6															
7															
8															
9															
10															
11															
12															
13															
14															
15															
16															
17															
18															
19															
20															
T															

TEST 16

1 Welche beiden Zahlen folgen hier?

100 97 95 92 90 87 85 ? ?

2 Welches Wort kannst du aus den Buchstaben von DÜSENJÄGER nicht bilden?

REGEN   SEGEL   JEDER   SEGEN

3 Welches Quadrat passt nicht in die Reihe?

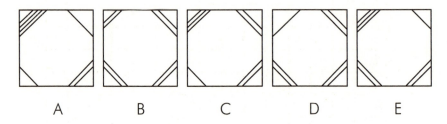

A   B   C   D   E

4 Welches Wort mit 4 Buchstaben passt auf die Punkte?

M . . . .   R . . . . I C H

M . . . . N   L . . . . N

5 Wer sagte: „Das ist ein kleiner Schritt für einen Menschen, aber ein Riesenschritt für die Menschheit"?
0 Edmund Hillary auf dem höchsten Berg
0 Neil Armstrong auf dem Mond
0 Kolumbus in Amerika

6 Welches Wort mit 5 Buchstaben passt hier hinein und ergibt auch mit beiden Wortteilen allein einen Sinn?

M U T T E R . . . . . . T

7 Welcher kleine Kreis passt in den großen? _____

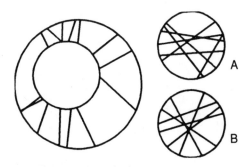

8 Welches Land liegt nicht in Europa?

GRIECHENLAND

NORWEGEN

ÖSTERREICH

JAPAN

9 Welches Wort kannst du aus den Silben bilden?

10 Welche Zahl kommt heraus? _____
Die Anzahl der Zwerge von Schneewittchen
x die Zahl der Musketiere
+ die Zahl der Räuber von Ali Baba.

11 In jedem Kreis ist ein Buchstabe doppelt. Welche Sportart
nennen sie? _____

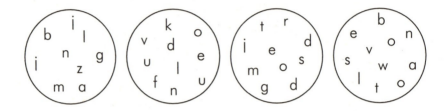

12 Welches Wort fehlt in der Redensart „Da bleibt kein ....
trocken"?

STEIN   AUGE   MUND   HAAR

13 Welchen Körperteil kannst du aus den Buchstaben von
TELTESK bilden? _____

14 Welches Wort gehört nicht in die Reihe?

FALTER   KÄFER   FLIEGE   SPINNE

15 Welche beiden Früchte sind im Satz versteckt?
In Dornbirn erfuhr ich, dass ein Fakir Scherben suchte.

_____

16 Anke deckt den Tisch. Sie isst zusammen mit ihrem Zwillings-bruder, ihren beiden Schwestern, ihrem Vater und ihrer Mutter. Wie viele Bestecke braucht Anke? _____

17 Welchen Beruf hat diese Frau?

TINE   ZÄRRIT

18 Welche Figur passt nicht in die Reihe?

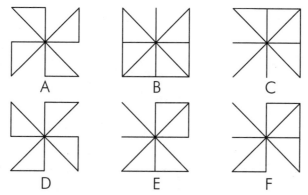

A   B   C

D   E   F

19 Was ist eine Marionette?
O ein Mädchen, das mit Stöcken jongliert
O eine Puppe, die man an Fäden bewegen kann
O ein italienischer Mädchenname

20 Wenn ■ = ●● und ▲ = ■■ ist,
wie viele Kreise werden dann gebildet durch ■■▲▲▲?

TEST 17

1 Mit den Ziffern 1, 2 und 3 kannst du die Zahl 123 bilden. Wie viel andere Zahlen kannst du aus diesen 3 Ziffern noch bilden?

2 Welches Wort passt hier nicht dazu?

KUPFER	SILBER	GOLD	ÖL

3 Welches Wort ist richtig geschrieben?

ELECKTRIZITÄT

ELLEKTRIZITÄT

ELEKTRIZITÄT

ELEKTRITZITÄT

4 Welche Figur gehört nicht in die Reihe?

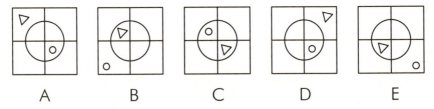

A   B   C   D   E

5 Wie heißt das Gegenteil von Sympathie?

KONTRAPATHIE   **UNSYMPATHIE**

ANTIPATHIE   **TELEPATHIE**

6 Welches Segelboot gleicht dem Boot Nr. 3?

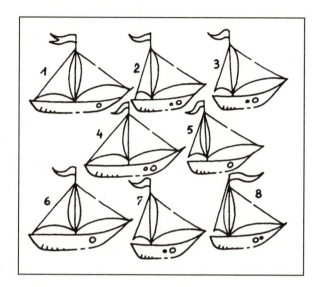

7 Welches Wort mit 4 Buchstaben passt hier?

. . . . **Z I G**

R E . . . .

K L A . . . .

8 Welchen Beruf kannst du aus den Buchstaben der Wörter
ERLE und FISCH bilden?

9 Welche Zahl ersetzt das Fragezeichen?

| 1 | 3 | 6 | 8 | 16 | 18 | 36 | ? |

10 In welchem Erdteil lebt das Känguru wild?
0 in Amerika
0 in Australien
0 in Afrika

11 Fünfhundert steht zu tausend wie fünf zu

EINS   **ZEHN**   **HUNDERT**

12 Welches Wort mit 3 Buchstaben gibt sowohl mit dem ersten als auch mit dem zweiten ein neues Wort?

WA	**...**	**TEIL**

13 Maike ist die Zwillingsschwester von Ruben.
Maike sagt: „Ich habe vier Brüder."
Ruben sagt: „Ich habe gleich viele Brüder wie Schwestern."
Wie viel Kinder sind es zusammen?_____

14 Welchen Vogel kannst du aus diesen Wörtern bilden?

SIE   TENNE   MAN

_____

15 Was ist mehr: Ein viertel Kilo oder das Doppelte von 150 Gramm? _____

16 Welcher Kreis ist hier fehl am Platz?

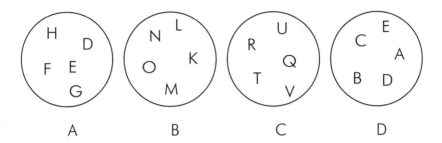

A   B   C   D

17 Was ist ein ORNITHOLOGE?
0 ein Vogelkenner
0 ein Hals-Nasen-Ohrenarzt
0 ein Musikinstrument

18 In welchem Monat ist der längste Tag?
_____

19 Wie viele Buchstaben sehen auch im Spiegel noch genauso aus? _____

A	B	C	D	E	F	G	H	I
J	K	L	M	N	O	P	Q	R
S	T	U	V	W	X	Y	Z	

20 Welcher Buchstabe ist keine römische Ziffer?

C   I   O   M   L   D   X

TEST 18

1 Welche Figur passt nicht in die Reihe?

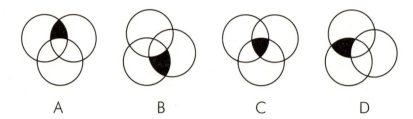

A   B   C   D

2 Im Hühnerstall von Bauer Hinrichsen sitzen Hennen und Hähne. Zusammen haben sie 80 Beine. Bauer Hinrichsen erzählt, dass jede Henne pro Tag ein Ei legt und er so 32 Eier holen kann. Wie viele Hähne hat der Bauer?

3 Wasser gehört zum Wasserhahn wie Strom zu

LICHT

ENERGIE

STECKDOSE

4 Was bedeutet die Redensart „mit dem linken Bein aufstehen"?
O schlecht geschlafen haben
O schlecht gelaunt sein
O keinen Hausschuh finden

5 Welches Wort gehört nicht dazu?

NASE   **MAGEN**   **LEBER**   **LUNGE**

6 Was ist ein Kriminologe?

O einer, der Straftaten untersucht.

O einer, der Straftaten begeht.

O einer, der Kriminalfilme dreht.

7 Welches Wort ist hier versteckt?

n 8 s

8 Welche Ziffer kommt an die Stelle des Fragezeichens?

9 Welches Sprichwort lässt sich aus folgenden Silben zusammensetzen?

KEIN	HIM	NOCH	VOM
STER	ES	FAL	MEL
GE	LEN	IST	MEI

10 Die Buchstaben des Namens auf dem Türschild verraten dir den Beruf. Findest du ihn? _____

TINA   KICHTER

11 Welches Land ist in diesem Satz versteckt?

Er will sich in alles einmischen.

_____

12 Wenn du an Zahlen denkst, entdeckst du, welcher Buchstabe beim Fragezeichen kommt.

E Z D V F S S A ?

13 Wie viele Beine haben 2 Käfer, 2 Mäuse, 2 Eidechsen und 2 Amseln zusammen? _____

14 Welchen Wert hat jedes Herz und welchen jedes Gesicht? _____

$$\heartsuit \times \heartsuit = \odot$$

$$\heartsuit + \heartsuit = \odot$$

15 Welchen Buchstaben brauchst du, um aus PILOTEN Waffen zu machen?

_____

16 In jedem Kreis ist im Uhrzeigersinn ein Wort zu lesen.
Jeweils 2 Buchstaben fehlen. Welche Wörter sind es?

17 Wenn Ostern auf den 7. April fällt, welcher Tag ist dann am
10. April?

MONTAG

DIENSTAG

MITTWOCH

DONNERSTAG

FREITAG

18 Welche Zahl setzt die logische Reihe fort?

10	11	13	16	17	19	22	?

19 War Frankenstein ein Monster oder ein Mensch, der ein
Monster machte? _____

20 Was für eine Farbe ist KHAKI?
0 braun
0 gelb
0 rot

TEST 19

1 Was ist ein HERBARIUM?
0 eine Sammlung getrockneter Pflanzen
0 ein von Menschen gepflanzter Wald
0 ein Kräutergarten

2 Eine E-Lok fährt von Amsterdam nach Brüssel mit einer Geschwindigkeit von 120 km/h. Der Wind bläst in die gleiche Richtung, aber halb so schnell. In welche Richtung geht der Rauch?

3 Welche Zahl kommt an die Stelle des Fragezeichens?

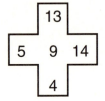 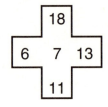 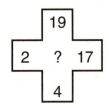

4 Welches Wort passt hier nicht hin?

BÖSE	**FROH**	**GESUND**
FRÖHLICH	**STOLZ**	**TRAURIG**

5 Schmetterlinge sind Insekten wie Fledermäuse
0 Vögel
0 Säugetiere
0 Vampire
0 Ratten

6 Welche beiden Instrumente ergeben diese Silben?

TE KLA TE
RI FLÖ NET

7 Denk an das Jahr und finde den fehlenden Buchstaben!

| J | F | M | A | M | J | J | A | | O | N | D |

8 Wie heißt die Blitzschleuder des Donnergottes?
0 Donnerschlag
0 Donnerkeil
0 Donnerwetter

9 Welche drei Pflanzen sind in diesem Satz versteckt?

Vorübergehend lehrt Oma Teddy und Lisa Latein.

10 Wie machst du diese Zahl kleiner ohne eine Ziffer
wegzunehmen oder hinzuzufügen?

333

11 Welches Wort mit 4 Buchstaben gibt sowohl dem ersten als auch dem zweiten Wort einen Sinn?

TREPPEN . . . . LICHT

12 Die Buchstaben des Namens sagen dir auch den Beruf der Frau.

TINA GROFFO

---

13 Welche Heilige gibt es nicht?
O Barbara
O Mallorca
O Agatha

14 Welcher militärische Begriff ist hier versteckt?

die

15 Welche beiden Wörter sind Gegensätze?

TAPFER	EHRLICH	VERLEGEN
FALSCH	SCHÜCHTERN	MUTIG

16 Wie viele Tage hat der Februar, wenn kein Schaltjahr ist?

---

17 Welche Flagge (A, B oder C) kommt auf die leere Flagge?

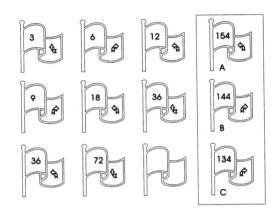

18 Welche Zahl passt nicht in die Reihe?

21   35   7   17   49   28   63

19 Wie viel mal ist das Wort ARA im Gitter? Zähle senkrecht, waagrecht und diagonal! _____

A	A	A	R
A	R	R	A
A	R	A	R
R	A	R	A

20 Auf welchen Tag fällt der 1. Mai, wenn der 1. April ein Mittwoch ist?

DONNERSTAG   FREITAG   SAMSTAG

TEST 20

1 Welchen Beruf hat dieser Mann? Die Buchstaben verraten es dir. _____

> ## JAN ROTLUIS

2 Zwei Bienen trinken Nektar von zwei Blüten in 20 Sekunden. Wie lange brauchen 20 Bienen für 20 Blüten?

_____

3 Welche der Figuren (A, B, C oder D) hat am wenigsten gemeinsam mit der Figur links?

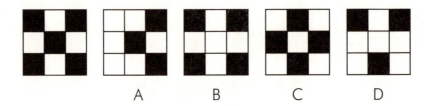

        A   B   C   D

4 Vervollständige das Sprichwort: „Alle Wege führen nach ..."

PARIS   **ROM**   **LONDON**

5 Welches Kinderlied wird hier dargestellt?

A M E	S A D S	K I D W	S I D H

_____

6 Im folgenden Satz sind eine Hauptstadt, ein französischer Fluss, ein selbstleuchtender Stern und ein Schienenfahrzeug zu finden.

Opa riskiert sein einziges Hemd und Larson neigt zu gefährlichen Experimenten.

7 Welches Glasfenster ist gleich wie Nummer 2?

8 Für 50 Preise werden 100 Lose verkauft. Wie viele musst du kaufen, damit du ganz sicher einen Preis hast?

9 Mit welchen beiden Silben kannst du den Namen eines Säugetiers bilden?

FLIE   FISCH   TE   WAL   GE   EN

10 Welchen Ratschlag liest du hier?

○NE S 8 (T=E)

SCHLAFEN

---

11 Welcher Mitlaut fehlt in beiden Wörtern?

. U C . U C .   . A . E R L A . E N

12 Was bedeutet die Redewendung „ins Wasser fallen"?
O pitschnass werden
O Pech haben
O ausfallen

13 Mit welcher Zahl geht diese logische Reihe weiter?

| 100 | 91 | 94 | 85 | 88 | 79 | 82 | ? |

14 Was ist GEOGRAFIE?

NATURKUNDE
ERDKUNDE
RAUMLEHRE

15 Wie nennt man eine Gruppe von Fischen?

HERDE   SCHWARM   RUDEL   FLOTTE

16 Was kann man nicht essen?

PAELLA   NOUGAT   AVOCADO   SPAGAT

17 Welches Dreieck muss an die Stelle des Fragezeichens kommen?

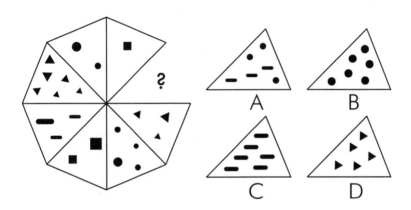

18 Welches Wort ist nicht französisch?

GARAGE   MADAME
SORRY   BANANE

19 Deine Oma wohnt 2 km weit weg. Wie lange brauchst du, wenn du mit einer Geschwindigkeit von 5 km/h gehst?

20 Welches Wort passt hier nicht?

SCHLAUBERGER   BIEDERMANN   BESSERWISSER
SUPERHIRN   GENIE

LÖSUNGEN SERIE 4

TEST 16

1. 82 und 80 (abwechselnd -3, -2)
2. Segel
3. D (hat keine 8 schrägen Linien)
4. oder
5. Neil Armstrong
6. Schaf
7. Kreis A
8. Japan
9. Kilometerstein
10. 7 x 3 + 40 = 61
11. Judo
12. Auge
13. Skelett
14. Spinne (ist kein Insekt)
15. Birne, Kirsche
16. 6 Bestecke
17. Tierärztin
18. B (hat mehr als 4 Dreiecke)
19. eine Puppe, die man an Fäden bewegen kann
20. 16 Kreise

TEST 17

1. noch 5 (132, 213, 231, 312, 321)
2. Öl (ist kein Metall)
3. Elektrizität
4. C (2 Figuren im Kreis)
5. Antipathie
6. Nummer 7
7. vier
8. Fleischer
9. 38 (abwechselnd +2, x2)
10. in Australien
11. zehn
12. Gen
13. 7 Kinder
14. Tannenmeise
15. das Doppelte von 150 g
16. C (S fehlt in der alphabetischen Reihenfolge)
17. ein Vogelkenner
18. Juni
19. 11 (A, H, I, M, O, T, U, V, W, X, Y)
20. Buchstabe O

TEST 18

1. C (schwarzer Teil in der Mitte)
2. 8 Hähne
3. Steckdose
4. schlecht gelaunt sein
5. Nase (ist kein inneres Organ)
6. einer, der Straftaten untersucht.
7. nachts
8. 5 (im dunklen Kreis steht die Hälfte der Summe der hellen Kreise)
9. Es ist noch kein Meister vom Himmel gefallen.
10. Architektin
11. China
12. N (Anfangsbuchstaben 1, 2, 3 usw.)
13. 32 Beine
14. Herz 2, Gesicht 4
15. S (Pistolen)
16. Dienstag, Mittwoch
17. Mittwoch (Ostern am Sonntag)
18. 23 (jeweils +1, +2, +3)
19. ein Mensch, der ein Monster machte.
20. braun

TEST 19

1. eine Sammlung getrockneter Pflanzen
2. Eine E-Lok hat keinen Rauch!
3. 15 (Differenz der Zahlen gegenüber)
4. gesund (keine Stimmung)
5. Säugetiere
6. Flöte, Klarinette
7. S (Anfangsbuchstaben der Monate)
8. Donnerkeil
9. Rübe, Tomate, Salat
10. Komma setzen
11. Haus
12. Fotografin
13. Mallorca
14. die Vorhut
15. ehrlich und falsch
16. 28 Tage
17. B (Zahl wird verdoppelt)
18. 17 (nicht durch 7 teilbar)
19. 6 mal
20. Freitag

TEST 20

1. Journalist
2. 20 Sekunden
3. C (weiß und schwarz vertauscht)
4. Rom
5. Alle meine Entchen schwimmen auf dem See, Köpfchen in das Wasser, Schwänzchen in die Höh.
6. Paris, Seine, Sonne, Zug
7. Nummer 5
8. 51 Lose
9. Walfisch
10. eine Sache überschlafen
11. Kuckuck, Kakerlaken
12. ausfallen
13. 73 (abwechselnd -9, +3)
14. Erdkunde
15. Schwarm
16. Spagat
17. C (gleiche Figuren gegenüber, aber doppelte Anzahl)
18. sorry (ist englisch)
19. 24 Minuten
20. Biedermann (hat nichts mit Verstand zu tun)

PUNKTETABELLE SERIE 4

Für jede richtige Antwort kannst du ein Kreuzchen machen, die du unten bei T zusammenzählst. Jede Testfrage hat drei Kästchen. Du kannst den Test also zweimal wiederholen und dich dabei verbessern.

	TEST 16			TEST 17			TEST 18			TEST 19			TEST 20		
1															
2															
3															
4															
5															
6															
7															
8															
9															
10															
11															
12															
13															
14															
15															
16															
17															
18															
19															
20															
T															

PUNKTETABELLE FÜR DAS IQ-QUIZ

In die grauen Felder oben kommen die Namen der Teilnehmer.

1										
2										
3										
4										
5										
6										
7										
8										
9										
10										
11										
12										
13										
14										
15										
16										
17										
18										
19										
20										
T										

PUNKTETABELLE FÜR DAS IQ-QUIZ

In die grauen Felder oben kommen die Namen der Teilnehmer.

1									
2									
3									
4									
5									
6									
7									
8									
9									
10									
11									
12									
13									
14									
15									
16									
17									
18									
19									
20									
T									

PUNKTETABELLE FÜR DAS IQ-QUIZ

In die grauen Felder oben kommen die Namen der Teilnehmer.

1										
2										
3										
4										
5										
6										
7										
8										
9										
10										
11										
12										
13										
14										
15										
16										
17										
18										
19										
20										
T										